MARGARET SILF

Aus dem Englischen von Doris C. Leisering

LANDSCHAFTEN DEINER

Seele

EINE REISE INS GEBET

SCM R.Brockhaus

„Noch bevor die Berge erschaffen wurden, bevor du die Erde und da
Weltall schufst, warst du Gott, du bist ohne Anfang und ohne Ende.
Psalm 90,2

$\mathscr{I}$NHALT

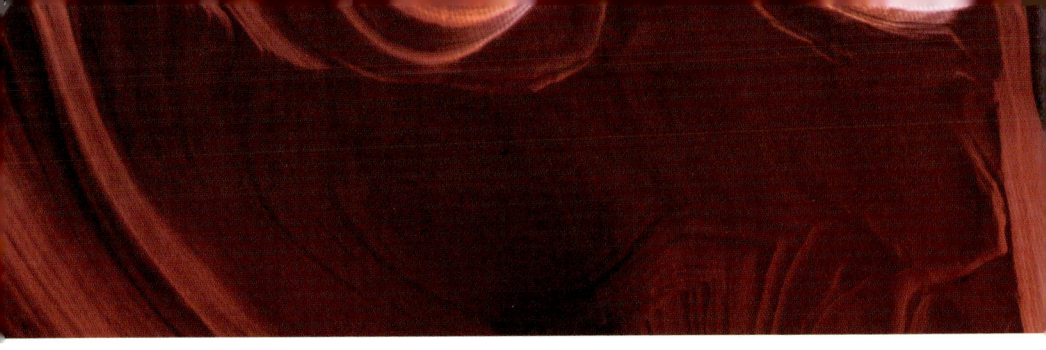

Faszinierende *Landschaften*

Unsere Fotoalben sind voll von Erinnerungen an Landschaften, die uns ans Herz gewachsen sind. Wenn wir uns diese Erinnerungen wieder ins Gedächtnis rufen, fallen uns dazu ganze Geschichten über uns selbst, unser Leben und unsere Welt ein.

Natürlich ist es möglich, sich nur oberflächlich mit einer Landschaft zu befassen. Wir können auf einem Parkplatz anhalten, uns die Aussicht begucken und dann weiterfahren, fast unberührt von dem, was wir gesehen haben. Oder wir können zu einem Teil einer Landschaft werden und zulassen, dass sie ein Teil von uns wird. Wir können ihr Wesen an uns herankommen lassen, und von da an werden wir sie in uns tragen, wo wir auch hingehen – wie weit entfernt wir auch von ihr sind. Dies geschieht zum Beispiel, wenn wir an einem bestimmten Ort lange gewohnt oder ihn regelmäßig besucht haben und er in unserer Seele Wurzeln geschlagen und einen unauslöschlichen Eindruck hinterlassen hat. Dann kann es sein, dass wir – vielleicht, wenn wir diesen Ort verlassen müssen – entdecken, dass wir ihn mit einer Intensität lieben, die wir nicht in Worte fassen können.

Das Gebet hat seine eigenen Arten von Landschaften und in unserem geistlichen Leben kann es ebenso sein, dass wir uns nur oberflächlich mit dem Geheimnis befas-

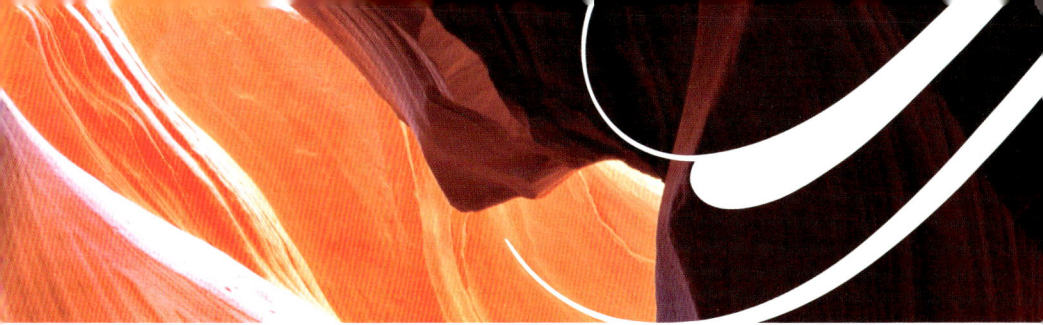

sen, das uns am Leben hält. Oder aber wir gehen ihm so lange nach, bis wir spüren, dass wir das Geheimnis „bewohnen", so wie wir vielleicht ein heiß geliebtes Land bewohnen, und dass das Geheimnis uns bewohnt. Je mehr wir uns in die Tiefe vorwagen, desto intensiver wird das Geheimnis – also Gott – uns formen und prägen; und möglicherweise entdecken wir, dass wir uns danach sehnen, uns mit diesem Geheimnis in einer Art und Weise zu verbinden, die letztlich nur in der Stille ihren Ausdruck findet. Dieses Buch will Sie dazu einladen, bewusst einige Landschaften Ihrer Seele zu durchwandern; diejenigen wahrzunehmen, die Ihr Herz immer wieder in besonderer Weise bewegen; nach Belieben dort zu verweilen und zu entdecken, was dieser Seelenraum für Sie bedeutet. Unterschiedliche geistliche Landschaften sprechen uns zu unterschiedlichen Zeiten unseres Lebens und in unterschiedlichen Situationen unterschiedlich an. Nehmen Sie sich also Zeit, wo immer Sie sich gerade befinden, sich in diesem Raum Ihres Herzens ganz bewusst aufzuhalten und die Botschaft, die dort auf Sie wartet, wahrzunehmen. Ich wünsche Ihnen, dass Sie beim Wandern und Verweilen immer tiefer in die Geschichte einsteigen, die Gott in Ihr Leben und unsere Welt einwebt.

„*Der beste Dünger ist der Schatten des Gärtners.*"

Autor unbekannt

Garten

Ich frage mich, was ein Garten wohl für Sie bedeutet. Sommertage, an denen Sie den Duft von frisch gemähtem Gras und von Blumen genießen? Vogelgesang? Gemüse und Kräuter, die nur die kurze Strecke von Ihrem Küchengarten zu Ihrem Tisch zurücklegen müssen? Oder vielleicht harte Arbeit, Rückenschmerzen, ein unbezwingbarer Unkraut-Dschungel?

Wären Sie überrascht zu entdecken, dass Gott in all diesen Aspekten Ihres „Herzensgartens" gegenwärtig ist und dass Gebet sowohl aus der Mühe als auch aus der Liebe fließen kann, aus dem Schmerz des Herzens ebenso wie aus seinen Wünschen?

Das Wort „Paradies" in seiner persischen, hebräischen und griechischen Form bedeutet ursprünglich „heilige Einfriedung". Es ist nicht schwer nachzuvollziehen, wie aus dieser Vorstellung der „ummauerte Garten" wurde – ein sinnträchtiges Bild dafür, was Gebet sein kann. Ich habe Erinnerungen an viele wunderschöne ummauerte Gärten, oft in der Mitte von Einkehrhäusern, in denen viel gebetet wird, oder von alten Schlössern oder Klöstern. Heute möchte ich Ihnen jedoch den kleinsten ummauerten Garten der Welt vorstellen. Eine Geschichte erzählt, dass einst eine gütige Adelsfrau in einem prächtigen Herrenhaus lebte. Sie hatte oft Gäste und eines Tages, als eine Freundin zum Tee gekommen war, glitt ihr beim Servieren die Teekanne aus feinstem Porzellan aus der Hand. Sie fiel zu Boden, Tülle und Griff brachen ab. Die meisten Menschen hätten die Kanne daraufhin wohl weggeworfen, doch die Dame liebte die Teekanne und verlieh ihr stattdessen eine neue Bestimmung: Sie machte einen winzigen Garten daraus. Sie pflanzte zarte Blumen hinein, und mit der Zeit wurde daraus eine ganz eigene „heilige Einfriedung" en miniature. Diese erinnerte sie und ihre Gäste täglich daran, dass es sein kann, dass wir in unserer Zerbrochenheit noch liebevoller umsorgt und gehegt werden als zuvor im Zustand der Unversehrtheit.

Das Herz ist ein Garten; es ist der Ort, an den wir uns begeben, um Gott im Gebet zu begegnen. Es ist auch der Ort, an dem Gott uns begegnet, um uns zu helfen, das Heilige zu pflegen, das von ihm kommt. Sicher gibt es dort auch Unkraut, vielleicht sogar Gestrüpp und Dornen. Vor ihnen ist kein Menschenherz gefeit. Manchmal ist es vielleicht gut, sie mit der Wurzel auszureißen, damit

sie sich nicht weiter ausbreiten. Und ein andermal ist es vielleicht gut, sie stehen zu lassen und uns daran zu erinnern, dass manchmal ein „Unkraut" lediglich eine Blume ist, die wir nicht gepflanzt haben und die sich weigert, sich unserer Kontrolle zu unterwerfen. In unserem Garten wird es Wünsche und Sehnsüchte geben, die sich wie riesige Sonnenblumen mit aller Macht zum Licht hinrecken oder die sich wie unbändige Rosenranken in unsere Träume hineinwinden. Es wird Blüten reinster Freude geben und andere Pflanzen, die Dornen, Stacheln oder giftige Absichten haben, wie Nesseln und Nachtschatten.

Wir werden an unserem Garten arbeiten müssen, wenn es ein heiliger Raum bleiben soll. Das Paradies muss gepflegt werden. Wir werden das Gebet unseres Herzens kultivieren müssen, indem wir es regelmäßig mit konzentrierter Aufmerksamkeit bewässern, alle wilden Schosse wegschneiden und beim Nachdenken über  unser Leben und unsere Beziehungen den Boden umgraben. Doch wir haben Hilfe. Die Vögel singen uns ein Ständchen, während wir arbeiten, und fressen das Ungeziefer, das unsere Pflanzen bedroht. Die Bienen werden die Blumen für uns bestäuben und die Würmer den Boden belüften. Sie alle erinnern uns daran, dass der Garten nicht uns gehört. Wir sind nicht allein für alles verantwortlich, nicht einmal für uns selbst. Als lebendige Zellen im Organismus der gesamten Schöpfung leben wir in gegenseitiger Abhängigkeit mit allen Bewohnern des Planeten Erde.

Ein guter Garten bietet den Geschöpfen ebenso einen Lebensraum wie seinem Gärtner. Inwiefern schenken unser Herz und unser Leben anderen Leben und Nahrung? Welche Kräuter – wie zum Beispiel Aufrichtigkeit oder Sanftheit – wachsen in unserem Herzen und verleihen dem Festmahl des Lebens ihr besonderes Aroma? Droht irgendetwas, das wir dort finden, anderen dieses Festmahl zu verderben? Sarkastische Worte zum Beispiel oder gehässige Gesten? Welche Gaben tragen in unserem Leben Frucht und machen anderen Freude? Stehen wir in der Gefahr, in unseren Beziehungen andere mit Ungeduld oder Intoleranz zu erdrücken und die Kanäle der Liebe zu verstopfen? Ein Garten ist auch ein Ort für liebevolle Gemeinschaft. Wer befindet sich mit uns im heiligen Raum unseres Herzensgartens? Wie liebevoll halten wir uns in dem Raum eines anderen auf, wenn er uns einlädt, seinen heiligen Boden zu betreten?

Eine Begegnung mit dem Gärtner

Eine trauernde Frau geht bei Tagesanbruch zu jenem Garten, in dem ein von ihr geliebter Mensch in seinem Grab liegt. Tränen verschleiern ihr den Blick, doch selbst im Licht des anbrechenden Tages kann sie sehen, dass sein Leichnam nicht mehr da ist. Sie klagt ihr Leid dem Himmel, den Engeln und einem Mann, der ihr plötzlich auf dem Weg begegnet. Sie überhäuft ihn mit Fragen: „Hast du ihn gesehen? Wo hat man ihn hingebracht?" Er antwortet mit einem einzigen Wort, ihrem Namen: „Maria!" In diesem Augenblick weiß sie, dass sie den geliebten Menschen wiedergefunden hat, auf ganz neue Art und Weise. „Ich dachte, du wärst der Gärtner", stammelt sie. „Vielleicht bin ich ja der Gärtner", lächelt er, als sie gemeinsam fortgehen, hinaus in die Zukunft.

Nach Johannes 20,11-17

Zeit zur Gartenarbeit

Nehmen Sie sich etwas Zeit und suchen Sie sich ein ruhiges Plätzchen, um im Garten Ihres Herzens mit dem Gärtner spazieren zu gehen, und erzählen Sie ihm, wie Sie sich fühlen. Haben Sie keine Angst, ihm Ihre Wahrheit zu zeigen. Er kennt diese Wahrheit, und er liebt Sie trotzdem.

- Wie ist heute Morgen das Wetter in meinem Garten? Ist meinem Herzen warm oder kalt? Ist es im Kern meines Seins heute sonnig oder neblig, heiter oder bedeckt?

- Welche Jahreszeit herrscht gerade? Fühle ich mich lebendig und voller Energie, oder beschwert, weil der Winter mich im Griff hat? Treibt neues Leben in mir Knospen oder sterben Dinge in mir ab? Was hilft mir, mich lebendiger zu fühlen? Was stumpft mich ab?

- Welche Blüten will ich dem Gärtner zeigen, die der Same der Liebe hervorgebracht hat, den er in mein Herz gesät hat? Welche Früchte oder Gaben aus meinem Leben möchte ich ihm anbieten und mit anderen teilen?

- Gibt es Unkraut, das er für mich ausreißen soll?

- Muss irgendetwas beschnitten werden und kann ich ihn um den Mut bitten, ihn tun zu lassen, was zu tun ist?

- Bin ich zufrieden damit, ihn den Gärtner sein zu lassen, oder versuche ich, alles selbst zu machen?

Versuchen Sie, in der gemeinsamen Stille dem Gärtner in Worten oder Bildern Ihren Herzensgarten zu beschreiben, und vielleicht auch einem Freund, dem Sie vertrauen.

Berg

„Der Glaube macht uns fähig, aus dem Berg der Verzweiflung Steine der Hoffnung zu schlagen.“

Martin Luther King

Ich musste lächeln, als der Busfahrer uns auf ein Naturdenkmal hinwies. Wir waren unterwegs ins Outback, landeinwärts von Brisbane aus, auf dem Weg zum Regenwald des Lamington-Nationalparks. Eben fuhren wir an einem kleinen Hügel vorbei, der sich aus den Ebenen von Queensland erhob. Der Fahrer bemerkte mit typisch australisch trockenem Humor, dass seine niederländischen Fahrgäste immer diesen „Berg" bewunderten, da es solche Erhebungen in ihrem Heimatland nicht gibt – während die Schweizer diesen „Maulwurfshügel" kaum eines zweiten Blickes würdigten. Doch ganz gleich, was die Niederländer und die Schweizer dachten, wir würden bald die Berge der Great Dividing Range erreichen, die das küstennahe Queensland vom wilden, unerforschten Landesinneren trennt. Wir würden auf den rauen Höhen wohnen, mit Kängurus, exotischen Vögeln und Schlangen als Nachbarn. Unser Aufstieg durch die Gebirgsausläufer führte uns in Landschaften, die uns ganz andere Bilder bieten sollten als alles, was wir von der Ebene aus hätten sehen können.

Die Gipfel von Queensland liegen unter gnadenloser subtropischer Hitze. Berge in den Alpen sind bei Temperaturen unter dem Gefrierpunkt ständig mit Schnee bedeckt. Ich erinnere mich an einen Tag, an dem ich in Österreich Ski fuhr. Bei unberührtem Schnee und unter einem freundlichen blauen Himmel zog es mich bis auf 3000 Meter hinauf. Und dann, ohne Vorwarnung, zogen sich die Wolken zu und ich verlor im schlimmsten Schneesturm meines Lebens völlig die Orientierung. Ich wusste nicht mehr, wo ich war, mir war schwindlig, ich war geblendet und hatte richtig Angst.

Das ist das andere Gesicht des Berges. Er lässt uns seine Launen niemals vorausahnen. Wenn wir uns anschicken, die Berge der Seele zu besteigen, sollten wir daher vorsichtig und demütig vorgehen in dem Wissen, dass wir lediglich sterbliche Reisende auf den Ausläufern der Ewigkeit sind.

Vielleicht spricht diese Landschaft Sie ja in diesem Augenblick in Ihrer Gebetssituation an. Vielleicht sehnen Sie sich danach, bislang unbekannte Höhen zu erklimmen und sind dabei auf der Suche nach jener flüchtigen und schwer zu fassenden „Gipfelerfahrung", die Sie einmal hatten und die Sie so gern wiedererleben würden – jenen Moment, in dem die Gegenwart Gottes beinahe greifbar war. Oder ist der Berg eher ein Ort des Schreckens, an dem sich die Wolken zuziehen und der Donner rollt?

Warum besteigen wir Berge? Die klassische Antwort auf diese Frage ist: „Weil es sie gibt", und dies mag wohl der Grund sein, warum wir uns danach sehnen, zu den Gipfeln des Gebets in extremer Höhe aufzusteigen, die – so meinen wir – nur die Heiligen kannten. Doch es gibt auch andere, handfestere Gründe. Wir besteigen einen Berg, um eine andere Perspektive auf unser Leben und unsere Welt zu bekommen. Kurz gesagt, das Besteigen von Bergen führt zu einer neuen Sichtweise.

Schon seit die Menschheit geistlich auf der Suche ist, hat sie auf den Bergen Inspiration und Herausforderung gesucht und den Aufstieg als Metapher für die geistliche Reise betrachtet. Der Weg nach oben erfordert unermüdliche Anstrengung, und vielleicht fühlen wir uns bereits bei dem Gedanken daran eingeschüchtert. Möglicherweise beginnt es ganz harmlos an den sanft ansteigenden Bergausläufern, doch dann verläuft sich der Pfad im Ungewissen. So kann es auch mit dem Gebet sein. Wir denken, wir kennen die Form. Wir setzen altbewährte Techniken ein, die uns auf der Suche nach einer Begegnung mit dem lebendigen Gott näher zu ihm führen sollen. Und je weiter wir zu gehen meinen, desto mehr verlieren wir uns. Das kann uns dazu veranlassen, stehen zu bleiben, allein am Berghang unter dem endlosen Himmel, den Blick auf all das gerichtet, was die Stille offenbart. Es kann aber auch sein, dass uns der Weg ins Auge der Stürme unseres eigenen Herzens führt und uns unseren eigenen Elementen aussetzt, deren Existenz wir nie vermutet hätten. Wir greifen nach dem Himmel und stolpern über Bergrutsche. Wir genießen die Einsamkeit des Berges und sehnen uns doch nach Gemeinschaft und Gesellschaft.

Der Berg kann ein Ort der Verklärung sein, wo unsere Herzen mit den Adlern aufsteigen und die Felsen ins Sonnenlicht getaucht sind. Doch zwischen eben diesen Felsen lauern auch die Räuber – Versuchungen, die wir bislang nicht erkannt haben, Herausforderungen, die uns entweder stärker machen oder besiegen. Die Sonne brennt herab, doch in den Felsspalten verborgen wachsen winzige Blumen, die uns mit ihrer zarten, zerbrechlichen Schönheit erstaunen, überschattet von einer Hand, die nicht ihre eigene ist.

Jesus kannte beide Arten von Berg: den Berg der Versuchung und den Berg der Verklärung. Auf dem ersten erlebte er das Schlimmste, das die einsamen Höhen ihm entgegenschleudern konnten: Hitze, Hunger, Erschöpfung und eine Konfrontation mit den geheimen Versuchungen, die an sein eigenes Herz rührten. Auf dem zweiten durfte er nicht nur einen Blick in Gottes Herrlichkeit erhaschen, sondern mit ihr eins werden – Gottes Herrlichkeit, die einen einzigen Augenblick der irdischen Zeit ins blendende Licht des ewig gegenwärtigen Augenblicks tauchte ...

Verklärt

Es war früh am Morgen, als sich vier Männer auf den Berg aufmachten. Der Aufstieg war lang und anstrengend. Am Gipfel angekommen, waren sie froh, Rast machen zu können. Drei von ihnen legten sich hin, müde und erschöpft. Der Vierte – der, dem sie folgten – entfernte sich einige Schritte, offenbar um zu beten. Sie beobachteten ihn durch ihre schweren Augenlider; und plötzlich sahen sie, wie ein Licht aus ihm herausstrahlte, ein Leuchten, das sein ganzes Sein durchdrang. Neben ihm standen Mose und Elia. Die drei waren ins Gespräch vertieft. Es war ein Augenblick, in dem die Zeitlosigkeit alle Grenzen des menschlichen Verstehens durchbrach und eine Ab-kürzung durch den üblichen linearen Verlauf der Geschichte nahm. Die drei Beob-achter wussten, dass sie sich an einem heiligen Ort befanden. Sie wollten den Augen-blick festhalten, festnageln, einen Schrein errichten. Doch dann, so plötzlich, wie er gekommen war, verschwand er auch wieder. Sie waren wie zuvor einfach vier Reisen-de, die den Berg hinunterstiegen. Dennoch waren sie nie wieder die Männer, die sie gewesen waren, als sie am frühen Morgen den Aufstieg angetreten hatten. Sie hatten einen Blick auf die Ewigkeit erhascht, und solch ein Blick verändert uns für immer.

Nach Lukas 9,28-36

Zeit zum Träumen

Gibt es Berge auf Ihrem Weg mit Gott? Wie geht es Ihnen damit? Was bedeuten diese Berge für Sie?

- Kenne ich den „Berg der Versuchung"? Hatte ich schon einmal das Gefühl, Auge in Auge dem Teufel zu stehen? Inwiefern hat dieses Erlebnis mir geholfen, zu wachsen und in meiner Schwäche neue Stärken zu entdecken?

- Kann ich mich an „Gipfelerlebnisse" erinnern: Augenblicke, in denen ich mich Gott unerwartet nahe fühlte? Welchen Samen haben diese Augenblicke in mein Herz gelegt und welche Früchte tragen sie in meinem Leben?

- Gipfelerlebnisse bringen uns näher zu Gott, ohne uns von der Erde zu trennen. Wie habe ich meine Bergerlebnisse „geerdet" und den Schatz dieser seltenen innigen Vertrautheit mit Gott hinunter ins Tal meines Alltags gebracht?

- Welche neuen Perspektiven für die Welt um mich herum und die geheime Welt in mir hat mir das Gipfelerlebnis eröffnet?

- Wie sieht diese besondere Vision aus, die in meinem Leben geboren werden will? Wage ich es, meinen Träumen zu folgen?

Wir reisen viele Kilometer und steigen viele gewundene, steinige Wege hinauf, bevor wir auch nur einen Blick von der Aussicht auf dem Gipfel erhaschen können – und beinahe, bevor wir sie greifen können, ist sie wieder verschwunden; so flüchtig sind unsere lichten Momente. Halten Sie die Ihren in dankbarer Erinnerung und voller Wertschätzung in Ihrem Herzen. Nicht Sie haben diese Momente gefunden, sondern die Momente haben Sie gefunden – und sie bewirken Dinge, die Sie nicht einmal erahnen können.

Strand

„Eines Tages, als Jesus am Ufer des Sees Genezareth

entlangging, sah er Simon und seinen Bruder Andreas."

Markus 1,16

Man weiß nie, was man am Strand findet. Meine Familie mütterlicherseits stammt aus dem Nordosten Schottlands. Bei einem Besuch bei einem Onkel und einer Tante in Peterhead saß ich eine Weile auf einem Felsvorsprung, beobachtete das Meer und dachte an die vielen Male, die auch Jesus am Strand entlanggegangen war: im Gespräch mit Freunden, beim Geschichtenerzählen, sogar, um Frühstück zu machen … Über mir protestierten Möwen kreischend gegen meine Anwesenheit. Unten am Hafen bereiteten die Fischer ihre Netze vor, während sie sich in dem breiten Buchanie-Dialekt unterhielten, der in diesem Teil Schottlands gesprochen wird – und ich fragte mich, wie sie wohl auf die Einladung eines Fremden, ihm in eine unbekannte und unsichere Zukunft zu folgen, reagiert hätten. Plötzlich durchdrang ein Freudenschrei die Luft. Meine Tante hatte ein Stück altes Fischernetz am Strand entdeckt und fand, es würde sich gut in ihrem Garten machen. Wir untersuchten es näher und stellten fest, dass es ein sehr großes Netz gewesen sein musste, von dem aber nur noch der Rand existierte. Die Mitte war völlig ausgerissen worden, vielleicht von einem außergewöhnlich großen Fang. Dann, als wir auf dem alten Netz saßen und aufs Meer hinausschauten, erlebten wir die nächste Überraschung: Der unverwechselbare Duft von Essen auf einem Grill drang über die Klippe zu uns herüber. Später entdeckten wir auf der anderen Seite des Hügels einen Campingplatz, aber für jene wenigen Augenblicke war ich in Galiläa und ein Fremder am Strand lud uns zu seinem Fisch-Frühstück ein.

Der Strand ist eine unstete Grenze zwischen der Berechenbarkeit des trockenen Landes und der Rastlosigkeit des Ozeans. Am Strand entlangzulaufen bedeutet, die Ränder unserer Alltagswelt von einem Geheimnis berühren zu lassen. Manchmal ist diese Berührung ein sanftes Plätschern von Wellen, die sich schon draußen auf dem weiten Meer ausgetobt haben. Manchmal ist es das furchterregende Rauschen von riesigen Brechern, die ihre ganze Energie aufgespart haben, um – so scheint es – über unserem stillen Leben zusammenzuschlagen. Manchmal kann ein Baby in den sanften Wellen planschen. Manchmal kann die Kraft der Wogen aber auch unsere Häuser und unser Leben zerstören.

Wenn ich am Strand entlanggehe, begegne ich sowohl dem unbegreiflich nahen als auch dem unbegreiflich fernen Gott. Der Ozean erstreckt sich, soweit das Auge reicht und noch darüber hinaus, so wie jenes intuitive Wissen von Gott weit jenseits jedes menschlichen Verstehens liegt. Und doch plätschert der gleiche Ozean zu meinen Füßen und hinterlässt am Strand alle möglichen Dinge für mich, die ich dann beim Spazierengehen dort entdecke – Dinge, die mir Geschichten darüber erzählen können, wer ich bin und wer Gott für mich ist, und wie unser beider Wirklichkeiten in diesem gewöhnlich-außergewöhnlichen Raum, an dem das Wasser aufs Land trifft, ineinandergreifen.

Ich schaue hinaus aufs Meer und erhasche einen Blick auf das geheime Leben des Ozeans, seine verborgene Schönheit und seine verborgenen Schrecken, und sie erzählen meinem Herzen von meinen eigenen verborgenen Möglichkeiten und unausgesprochenen Ängsten. Im Ozean sehe ich die Wiege alles Lebens auf der Erde, und ich will dem Schöpfer des Universums für das Wunder danken, dass wir überhaupt existieren, und mich neu entschließen, so zu leben, wie es Gottes Ab-

sicht und Wunsch entspricht. Seinen Träumen entspringen wir – immer wieder. Ich beobachte, wie die Boote zum Fischen aufs Meer hinausfahren, so wie jeden Tag. Sie sind so zerbrechlich, so schutzlos, und dennoch folgen sie Tag für Tag der Aufforderung: „Fahr weiter hinaus und wirf dort deine Netze aus" (Lukas 5,4). Das Leben ruft mich ebenfalls in tiefere Gewässer, in die Herausforderungen, die vor mir liegen – bei der Arbeit, in der Familie, in der Welt. Mein eigenes kleines Schiff ist zerbrechlich und schutzlos. Da draußen könnte alles Mögliche passieren! Bei vielem, was in meinem Leben geschieht, habe ich keinen Boden mehr unter den Füßen. Und doch klingt auch in mir die Aufforderung an: „Traue dem tieferen Wasser, komm, folge mir!"

Frühstück am Strand

Es war eine schreckliche Nacht gewesen. Die Verzweiflung, Hoffnungslosigkeit und Ernüchterung, die der Hinrichtung ihres Freundes folgten, hatten ihnen den Wunsch genommen, jemals wieder auch nur irgendetwas zu tun. Also zogen sie sich auf das Eine zurück, das sie konnten. Sie gingen fischen. Doch selbst die Fische waren in jener Nacht nicht da, die in jeder Hinsicht so von Abwesenheit geprägt war. Der neue Tag kroch langsam, zögerlich, grau und lustlos übers Wasser heran.

Sie hörten die Stimme, noch bevor sie den Mann sahen. „Na, Jungs, irgendwas gefangen?", fragte sie. „Du machst wohl Witze!", kam ihre Antwort. Dabei hätte es bleiben können – einfach ein frühmorgendlicher Gruß von einem unsichtbaren Fremden am Strand. Doch die Stimme sprach beharrlich weiter und drängte durch die Trübseligkeit dieses Tages, an dem noch nicht einmal die Sonne aufgegangen war. „Werft die Netze auf der anderen Seite des Bootes aus und wartet, was passiert." Die Antwort auf diesen ungebetenen Ratschlag ist uns nicht überliefert, aber sie taten, was die Stimme vorschlug. Und tatsächlich: Der Fang zerriss ihnen fast das Netz!

Dann sahen sie ihn, als die Sonne ihr sanftes Licht auf sein erwartungsvolles Gesicht warf. „Kommt an Land und frühstückt mit mir", lud er sie ein. Der Duft des gegrillten Fisches drang über die Wellen hinweg zu ihnen herüber, und er war angenehmer, als jeder Weihrauch es je sein konnte. Er lud sie ein an den Strand – zum Frühstück und zu einem Neuanfang.

Nach Johannes 21,1-14

Zeit zum Strandspaziergang

Am Strand spazieren zu gehen, ist eine wunderbare Art zu beten. Vielleicht möchten Sie es ja einmal ausprobieren. Dazu braucht man kein Meer und keinen Strand, sondern nur ein bisschen Zeit, ein bisschen Geduld, offene Augen und ein offenes Herz.

Mit „Strandspaziergang" ist letztlich eine Variante jener alten Gebetsform gemeint, die man auch als „Tagesrückblick" oder Examen kennt. Der „Strand" sind die Erlebnisse des Tages, so wie er war, mit all seinem Auf und Ab, mit seinen hübschen Muscheln und stechenden Quallen. Man wandert beim Beten einfach an diesem „Strand" des Tages entlang und achtet auf das, was man findet. Ein morgendlicher (oder abendlicher, die Tageszeit spielt dabei keine Rolle) Gebetsspaziergang könnte vielleicht so aussehen:

- Welche Erlebnisse des Tages haben mich erfreut? Welche haben mir das Gefühl gegeben, lebendiger als sonst zu sein und stärker als sonst mit Gott, mir selbst und anderen verbunden zu sein?

- Wer oder was hat mir heute Kraft gegeben oder mir beim Heilungsprozess einer Verletzung geholfen?

- Haben heute Ereignisse, Worte oder Handlungen Wut, Kummer oder Groll bei mir ausgelöst? Was war die eigentliche Ursache für diese Gefühle?

- Gibt es im Rückblick auf meine Fußspuren am „Strand" von heute etwas, das ich an meinem Weg bedaure, oder etwas, das ich morgen anders machen würde? Wenn ja, soll es zwischen mir und Gott ruhen, ohne dass ich mich selbst oder andere verurteile.

Sammeln Sie am Ende Ihres Gebetes die Fundstücke Ihres „Strandspaziergangs"
ein, verstauen Sie sie in Ihrem Herzen und lassen Sie die kommende Flut alles andere wegspülen. Morgen werden Sie in unberührtem Sand neue Spuren hinterlassen.

„Zwischen zwei Kiefern

liegt stets das Tor zu einer neuen Welt.“

John Muir

Wald

Es war einmal ein kleines Mädchen, das in einem Haus mitten in einem sehr dichten, dunklen Wald lebte. Weil im Wald viele Gefahren lauerten, hatten ihre Eltern sie immer gewarnt, nicht allein nach draußen zu gehen. Eines Tages jedoch wurde die Versuchung zu groß und sie wagte sich allein hinaus. Begeistert über ihre neue Freiheit machte sie sich vergnügt auf den Weg, ohne darauf zu achten, wohin sie ging. Schon bald hatte sie sich gründlich verlaufen. Voller Angst und ganz allein suchte sie verzweifelt nach dem Weg nach Hause. Als es Abend wurde, ging ihr Vater hinaus, um nach dem verlorenen Kind zu suchen. Außer sich vor Sorge lief er durch den Wald. Sterne und Mond gingen auf, doch immer noch gab es keine Spur von ihr. Schließlich, als die Hälfte der dunklen Nacht vergangen war, fand er sie – zusammengerollt am Fuß eines Baumes, mit Blättern bedeckt und tief und fest schlafend.

Was meinen Sie, was der besorgte Vater sagte, als er seine ungehorsame Tochter fand? Als sie aufwachte und ihr bewusst wurde, was geschehen war, war sie sich sicher, dass er sie bestrafen würde, weil sie allein in den Wald gegangen war. Stattdessen hob er sie hoch und trug sie in seinen Armen nach Hause. „Wir werden morgen darüber sprechen", versprach er, als er sie in ihr kleines Bett legte und zudeckte.

Am nächsten Morgen setzte er sich hin und nahm das Kind auf den Schoß. Das Mädchen erwartete, dass er ärgerlich sein würde, doch er zog lediglich einen Beutel voller glänzender, weißer Kieselsteine aus der Tasche. „Die sind für dich", sagte er. „Du wirst jetzt größer und ich weiß, dass du manchmal allein durch den Wald wirst gehen

müssen. Du wirst die Orientierung verlieren und dich auch hin und wieder verlaufen. Trag diese Kieselsteine immer bei dir, und wenn du von zu Hause weggehst, lass alle paar Meter einen Stein fallen. Wenn du das tust, wirst du immer wieder der Spur aus Kieselsteinen folgen können, wo du auch bist, und sie werden dich nach Hause führen."

Vielleicht haben auch Sie manchmal das Gefühl, sich verlaufen zu haben, im Kreis zu gehen und den Wald vor lauter Bäumen nicht sehen zu können? Vielleicht fühlen Sie sich ängstlich und allein und können weder in Ihren Gebeten noch in Ihrem Leben ein Muster erkennen? Vielleicht ist der Wald dunkel und es gibt keine Markierungen, sodass Sie keinen eindeutigen Weg erkennen können? Wenn wir ehrlich sind, kennen wir in unseren Leben alle diese „Märchenwälder" mit ihren Zweifeln, Verwirrungen, Ängsten und ihrer Dunkelheit und Einsamkeit. Vielleicht haben Sie das Gefühl, nicht mehr mit Gott in Verbindung zu stehen? Vielleicht haben Sie keine regelmäßigen Zeiten der Stille für Ihre Seele mehr, vielleicht sind Sie von Ihrem Weg mit Gott abgekommen? Wenn Ihnen Ihre Gebete so vorkommen, sollten Sie vielleicht im Wald eine kleine Pause einlegen.

Dennoch sind Wälder auch im positiven Sinn märchenhafte Orte. Denken Sie einmal an Ihren eigenen Lieblingswald. Ich glaube, meiner wäre Muir Woods (benannt nach dem schottischen Naturforscher John Muir) in der Nähe von San Francisco, wo riesige Mammutbäume in den Himmel ragen und eine gewaltige natürliche Kathedrale bilden; wo selbst die geräuschvollsten Besucher aus Ehrfurcht ihre Schritte und Stimme dämpfen. Folgen wir der Einladung jener majestätischen Bäu-

me und stehen einfach still. Gestatten wir Himmel und Erde, sich in uns zu begegnen. Lauschen wir der flüsternden Weisheit dieser sanften, schweigsamen Riesen.
Bäume schlagen tiefe Wurzeln. Sie suchen Nahrung, Wasser und einen Ort, wo sie
sich festhalten können. Unser Dasein hat ebenfalls tiefe Wurzeln, die uns durch alles
hindurch halten, was das Leben uns entgegenschleudert. Der Gebetsraum, den wir
„Wald" nennen könnten, lädt uns ein, still und ruhig zu werden und uns neu auf
diese tiefen Wurzeln einzulassen. Was nährt unser Herz? Welches Grundwasser speist
die Tiefen unserer Seele? Wo ist der Ort, an den wir gehören? Wo und bei wem fühlen wir uns verwurzelt und verankert?

Bäume heben ihre Kronen dem Himmel entgegen, strecken sich zur Sonne hin, der

Quelle ihrer natürlichen Energie. Sie breiten ihre Äste aus, um die Welt um sich herum zu umarmen und Vögeln und anderen Geschöpfen des Waldes wie Eichhörnchen oder Mardern Zuflucht zu bieten. Ihre Blätter geben uns Sauerstoff, ihre Blüten schenken uns Freude, ihre Früchte geben uns Nahrung. Welche Aspekte unseres Lebens spenden der Welt Leben? Welche Teile unseres Herzens sehnen sich am meisten danach, sich zu anderen hin auszustrecken? Welche Früchte schenkt unser Leben den Menschen in unserer Umgebung? Bleiben wir doch einfach in unserem inneren Wald stehen und lassen diese Fragen in uns aufsteigen. Nehmen wir unsere eigenen Wurzeln und unsere eigene „Krone" wahr, unseren eigenen einzigartigen und notwendigen Platz im Wald.

Manchmal, wenn wir meinen, uns hoffnungslos verlaufen zu haben, werden wir den Weg wiederfinden, indem wir einfach stehen bleiben. Die Antwort auf die unausgesprochene Frage „Wo bin ich?" liegt in unserem Herzen. „Du bist, wer du bist, und du ruhst in meinem Frieden. Sei still und lass dir diese Wahrheit sagen." Wir müssen nicht denselben Weg zurückgehen. Wir müssen einfach still werden und uns wieder die Realität, die uns am Leben erhält, in den tiefsten Tiefen unserer Seele zu Bewusstsein kommen lassen. Die „glänzenden weißen Kieselsteine" unserer eigenen Erfahrung - die Erinnerungen an Zeiten, in denen wir Gott ganz nahe spürten und wir wussten, wo wir hingehören – können uns zu jenem stillen Zentrum führen – so sicher, wie sie einen in die Irre gegangenen Wanderer wieder nach Hause führen können.

Gelingt uns das, kann aus jeder Gefahr, die wir im Wald zu sehen meinten, ein wertvolles Geschenk werden: Schutz vor dem Sturm und Schatten vor stechenden Sonnenstrahlen; üppiges Wachstum, wo wir uns vielleicht für abgestorben hielten; uralte Weisheit ganz tief an den Spitzen unserer Wurzeln, wo wir sie am wenigsten erwartet hätten. Und wenn wir meinen, wir seien völlig ohne Bedeutung für das große Ganze, nur eine Eichel auf dem Waldboden, sollten wir uns daran erinnern lassen, dass auch in der kleinsten Eichel ein ganzer Wald liegt. Sie wartet nur auf die rechte Zeit, ihn zur Welt zu bringen.

Am Wasser gepflanzt

Weise und gesegnet ist die Menschenseele, die ihre Lebenszeit nicht damit vergeudet, den Launen des Augenblicks nachzujagen und sich am Klatsch und Tratsch auf dem Marktplatz zu beteiligen. Solch eine Seele ist wie ein Baum, der an lebendigem Wasser gepflanzt ist, der seine tiefen Wurzeln dahin streckt, wo wahre Nahrung zu finden ist. Die Hitze kann ihn nicht zerstören und die Trockenzeit lässt ihn nicht welken. Im Gegenteil: Weil er mit der Quelle seines Lebens verbunden ist, werden seine Blätter nicht fallen und er hört auch nicht auf, Frucht zu bringen. Nehmt euch die Weisheit dieses Baums zum Vorbild und bleibt tief im Herzen der Quelle alles Lebens verwurzelt und gepflanzt. Stützt euch auf dieses tiefe Wurzelwerk, wenn die Stürme euch schwanken lassen und die Wege euch verwirren.

Nach Jeremia 17,5-8 und Psalm 1

Zeit zum Suchen

Hin und wieder verläuft sich jeder einmal im Wald. Wenn Sie das Gefühl haben, sich im Moment in einer solchen Situation zu befinden, dann hören Sie auf die Weisheit der Bäume. Die Antwort auf Ihre Suche könnte genau an jenem Ort verborgen liegen, an dem Sie sich so desorientiert fühlen. Sie liegt tief verborgen in dem Baum, den Sie wegen des Waldes nicht sehen können. Lassen Sie Ihr Herz still werden und denken Sie einmal über folgende Fragen nach:

- Wie tief reichen meine Wurzeln und was nährt meine Seele wirklich?

- Werde ich von irgendetwas abgelenkt oder so in Beschlag genommen, dass ich immerzu im Kreis laufe und Dingen nachjage, die eigentlich unwichtig sind?

- Selbst wenn es draußen kalt ist und ich mich wie ein Baum ohne Blätter fühle, liegt doch im Winter schon der Keim des Frühlings, wenn die Wurzeln tief genug reichen. Kann ich darauf vertrauen?

- Welche „Erinnerungssteine" aus meiner eigenen Erfahrung können mich zurück an den Ort führen, an dem meine Seele zu Hause ist?

- Mein Leben ist – so wie ein Baum – ein unentbehrlicher Teil eines gewaltigen Waldes. Welche Früchte soll es zum Nutzen aller Geschöpfe in diesem Wald hervorbringen?

Nehmen Sie sich einen Augenblick Zeit, um sich an einen Wald zu erinnern, den Sie mögen, und gehen Sie in Ihrer Fantasie seine Wege entlang. Seine zeitlose Stille vermittelt Ihnen vielleicht etwas von dem Frieden, der Klarheit und der Wegweisung Gottes.

Fluss

„Du sorgst für die Erde und bewässerst sie, machst sie üppig und fruchtbar. Gottes Fluss führt Wasser im Überfluss.“

Psalm 65,10

Man kann immer wieder zum selben Fluss gehen, und sogar immer zur selben Stelle am Flussufer, doch man wird niemals dasselbe Wasser zweimal sehen. Flüsse sind wunderbare Lehrer dafür, dass der Gesamtzusammenhang unseres Lebens im perfekten Gleichgewicht mit dem unmittelbar gegenwärtigen Moment liegen kann. Der Fluss zeigt uns einen endlosen Kreislauf des Lebens: Er fließt von einer kaum sichtbaren Quelle durch die sich verändernden Schauplätze unseres Lebens stetig hin zu seinem Ziel im Ozean, wo er als Wolke emporgezogen wird und wieder auf den Boden fällt, um erneut zu einem Fluss zu werden. Und die ganze Zeit über bringt er Leben. Vor allem anderen ist der Fluss der Bringer des Lebens. Wo Wasser ist, ist Wachstum.

Wasser ist stärker als Stein; es kann buchstäblich Berge versetzen, einfach indem es langsam und stetig fließt – oder auch nur langsam und stetig tropft. Und doch prahlt es nicht mit seiner Kraft. Stattdessen passt es sich der Kontur der Landschaft an, dem Zug der Erdanziehungskraft und den Hindernissen, die ihm im Weg stehen. Es steht nicht still, um über das zu klagen, wovon es blockiert wird, sondern findet einen Weg um das Hindernis herum. Dabei bewässert es eine größere Landfläche, als es andernfalls getan hätte. Es versucht nie, am Augenblick festzuhalten, sondern fügt sich in seinen Verlauf und lässt los, Moment für Moment – lässt los, um zu empfangen, was vor ihm liegt. Lässt los, lässt fließen.

Eine Geschichte erzählt, wie ein Strom durch Hügel und Täler floss und schließlich auf den Rand einer Wüste traf. Vergeblich warf er sich auf den Wüstensand, doch jedes Mal versickerte er dabei. Schließlich griff der Wind ein und ließ den Strom an seiner Weisheit teilhaben. „Wenn du die Wüste überqueren willst", flüsterte er dem Strom zu, „musst du dich dem Wind überlassen und dich in der Wolke über die Wüste tragen lassen." Zuerst protestierte der Strom über seinen scheinbaren Identitätsverlust, doch schließlich gab er nach, und die Wolke und der Wind trugen ihn über die Wüste, wo er an einem neuen Ort wieder zur Erde fiel und zu einem neuen Strom, einer neuen Lebensquelle wurde.

Was bedeutet Ihnen das Bild vom Fluss? Man kann das eigene Leben als Fluss ansehen. Wo war seine Quelle und was oder wer waren seine ersten Zuflüsse – bestimmte Menschen, Verwandte oder Fremde, noch lebend oder längst verstorben, die Ihre Sichtweise geprägt haben? Welchen Verlauf hat der Fluss in Ihrem Leben genommen? Bei den meisten von uns gab es wohl Phasen des ruhigen Dahinfließens, aber auch „Wildwasserzeiten", in denen unser Leben in Stromschnellen geriet. Manchmal war der Fluss munter und klar und gesund, und in anderen Situationen ohne Schwung und schleppend oder sogar verschmutzt. Vielleicht hat die Kraft Ihres Flusses andere inspiriert und sie gestärkt, doch manchmal hatten Sie auch das Ge-

fühl, dass Ihre Energie von anderen Menschen für ihre eigenen Zwecke beansprucht wurde oder abgeschöpft, um aufbewahrt und unter vielen anderen aufgeteilt zu werden. Durch welche Landschaften ist Ihr Fluss geflossen? Vielleicht erinnern Sie sich an Wüstenzeiten und Zeiten großer Fruchtbarkeit. Denken Sie daran, dass Ihr Fluss möglicherweise Leben in die Wüsten anderer Menschen gebracht und die Träume und Ziele vieler – Ihnen vielleicht unbekannter – Menschen genährt hat. Wo also befindet sich Ihr Fluss heute und wie fließt er? Was empfinden Sie, wenn Sie seine bisherigen Biegungen betrachten und was erhoffen und erträumen Sie sich für seinen weiteren Verlauf?

Ein alter Mystiker sah einen Fluss, der ein Bild für unsere geistliche Reise sein könnte. Er beschreibt seine Vision folgendermaßen:

EIN FLUSS DES LEBENS

Ich sah einen Strom, der im Heiligtum entsprang, von dort aber unter der Schwelle hinausfloss, um das ganze Gebäude herum und schließlich in die weitere Welt hinein. Ein Mann versuchte, den Fluss zu vermessen. Mit einem Messstab ermittelte er eine bestimmte Strecke im Verlauf des Stromes und bat mich dann, an dieser Stelle hindurchzuwaten. Das tat ich, und das Wasser reichte mir bis zu den Knöcheln. Dann maß er flussabwärts eine weitere Strecke ab und bat mich erneut, den Fluss zu durchqueren. Nun reichte mir das Wasser bis zu den Knien. Ein drittes Mal maß er eine Strecke des Flusses ab, noch weiter stromabwärts, und an dieser Stelle reichte mir das Wasser bis zur Taille. Nach der letzten Messung bat er mich erneut, den Strom zu durchqueren, doch hier war es unmöglich. Der Fluss war inzwischen so tief und floss so schnell, dass ich ihn nicht durchqueren konnte. Ich hatte keinen Grund mehr unter den Füßen.

Erst als mir zu Bewusstsein kam, dass ich den Fluss des Lebens nicht messen konnte – und der andere auch nicht –, begann ich, den Strom mit anderen Augen zu betrachten. Es ging nicht mehr darum, wie wir ihn ausmessen oder überqueren könnten. Jetzt lag unser Augenmerk voll und ganz auf dem Fluss selbst. Ich sah den eigentlichen Sinn des Stromes. Ich sah die Fische, die darin schwammen, gesund und voller Leben, und Fischer an den Flussufern. Ich bemerkte, dass die Marschgebiete und salzigen Lagunen am Flusslauf zu neuem Leben erwachten, als der lebendige Strom durch sie floss; doch wo dieser Fluss blockiert, unterbunden oder ihm widerstanden wurde, blieb alles leblos und abgestanden. Ich sah, dass die Flussufer von vielen verschiedenen Bäumen gesäumt waren. Jeder trug zu seiner Zeit Früchte und hatte Blätter, die eine heilende Wirkung hatten. Und all dieses Leben, so begriff ich, konnte fortbestehen, weil der Fluss des Lebens im Herzen Gottes des Lebensspenders entsprang.

Nach Hesekiel 47,1-12

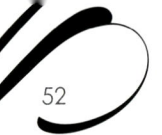

Zeit zum Loslassen und Fließenlassen

Hesekiels Vision vom Fluss zeigt, dass man zwar nach außen hin alles „berechnen" und unter Kontrolle haben kann, doch dass der Fluss in Wahrheit seine eigenen Wege zieht und seine ganz eigene Realität hat. Erst, wenn wir zu dieser Einsicht gelangen, können wir den Fluss des Lebens als das sehen, was er wirklich ist, nämlich die Quelle des Lebens für die gesamte Schöpfung und nicht etwas, das wir zu unseren eigenen Zwecken für uns beanspruchen können. Und der Fluss strebt stets danach, die größtmögliche Lebensfülle für die ganze Schöpfung zu finden. Erst wenn dies auch unsere Sehnsucht ist, werden wir uns im Einklang mit den tiefen Strömungen des Lebens, mit Gottes Dynamik bewegen.

• Gebet kann wie ein Fluss dahinfließen. Manchmal folgt es einem gewundenen Weg, der die „Landschaft" unseres Alltags widerspiegelt und sich nicht all unseren Plänen und Programmen unterwerfen lässt, sondern seine eigene natürliche Richtung findet. Ist es mir angenehm, mein Gebet so dahinfließen zu lassen und nicht immer genau zu wissen, „wie" ich bete?

• Den Verlauf des eigenen Lebens im Bild des Flusses zu betrachten und zu bedenken, ist an sich bereits ein Gebet. Kann ich – für mich selbst oder einen Freund, dem ich vertraue – malen, zeichnen oder mit Worten beschreiben, wie mein Fluss bisher verlaufen ist und weiter verläuft?

• Bringt mein Fluss Leben auch zu anderen? Inwiefern beziehe ich selbst Kraft aus den Lebensflüssen anderer?

• Kann ich es riskieren, den Grund unter den Füßen zu verlieren und meinen Blick von mir selbst und meinem Ergehen abzuwenden, hin zum Fluss und dem Le-

ben, das er bringt, und mich als Teil dieser Lebensströmung betrachten? Ein Fluss steht niemals still. Er muss ständig das Gestern loslassen, um dem Morgen Leben zu spenden. Gibt es etwas, das ich loslassen muss, um frei zu sein, damit ich zu dem Menschen werden kann, den Gott sich erträumt?

Ein Fluss ist immer Teil eines größeren Kreislaufs, ebenso wie unser Gebet immer Teil eines größeren Gesprächs ist, eine einzelne Note in einer großen Sinfonie. Dabei ergeht an uns die Aufforderung, zu sein, wo wir sind und wer wir sind, in dem einzigen Augenblick, den wir haben: dem ewig gegenwärtigen Moment.

„Herr, weide dein Volk, die Herde deines Erbteils, als ein Hirte. Sie leben abgesondert in der Wildnis auf dem Karmel. Lass sie wieder in Basan und Gilead weiden, so wie es früher war."

Micha 7,14

Urwald

Die vorherrschende Farbe ist Grün, Grün und noch mehr Grün. Jede Schattierung von Grün. Die Farbe von üppigem Wuchs und Gottes unermesslicher Schöpfungskraft. Und dann huscht ein neuer Farbtupfer über die Szene – ein herrlicher Schmetterling, der sich wie ein kräftig gefärbter Faden durch das Meer aus Grün webt. Während ich durch die hoch aufragenden Bambusstauden zum malaysischen Binnenland hinspähe, erzählt mir dieser Schmetterling von der Pracht und Unbarmherzigkeit des Urwaldes und erinnert mich an die Geschichte von dem kleinen Jungen, der im Biologielabor seiner Schule gespannt zuschaute, wie sich ein Schmetterling aus seinem Kokon befreite. Als er sah, wie dieser sich durch die wirren Fäden kämpfte, die ihn umschlossen,

bekam der Junge Mitleid und versuchte, den Kampf abzukürzen, indem er das vermeintliche Gefängnis aufschnitt. Der Schmetterling starb. Der Geburtskampf war lebenswichtig, um seinen Flügeln die zum Fliegen notwendige Kraft zu verleihen. Ohne Kampf gibt es kein Leben. Das Ringen ist Teil der Offenbarung. Wir wachsen mit der Anstrengung, so wie die hoch aufragenden Bambusstauden ihr Leben zwischen sengender Hitze, Platzregen und fast täglichen Tropenstürmen verbringen, während sie sich nach dem glühenden Himmel über ihnen ausstrecken.

Die meisten von uns leben nicht im Urwald und werden einen solchen Ort vielleicht nie tatsächlich betreten. Und doch sind wir von einem Dschungel umgeben. Vom Menschendschungel. Vom Großstadtdschungel. Dies sind die Orte, an denen wir unser Leben verbringen, und sie werden nicht ohne Grund „Dschungel" genannt. Der Urwald ist ein Ort des fast erdrückenden und schnellen Wachstums und Heimat für Leben in unglaublich vielfältigen Formen. Ethnische Vielfalt. Kulturelle Vielfalt. Eine breite und oft gegensätzliche Meinungsvielfalt. Erstaunliche Dinge wachsen dort heran. Wer weiß, welche Begabungen in den Kindern schlummern, die unbeaufsichtigt durch unsere Straßen toben? Wer kann erahnen, welche Zärtlichkeit in den Herzen der Mütter in den Armenvierteln liegt oder welcher Mut in den Menschen, die es wagen, ihre Wahrheit auszusprechen, obwohl ihre Prinzipien dem Strom der öffentlichen Meinung zuwiderlaufen? Wer weiß schon, welche neuen Visionen in der Hitze unserer Feindseligkeiten geschmiedet werden?

Es ist anstrengend, sich durch die Wirrungen einer Gesellschaft zu kämpfen, die außer Kontrolle zu geraten scheint. Oft gibt es überhaupt keinen erkennbaren Weg nach vorn. Manchmal macht uns die Bedrohlichkeit des Dschungels Angst. Wir wissen, dass im Dickicht die ernsthafte Gefahr von unsichtbaren Räubern lauert: Kriminalität auf der Straße, Süchte, moralische Doppelbödigkeit, häusliche Gewalt ... Die Liste ließe sich immer weiter fortsetzen. Allzu oft verleben wir unsere Tage in Argwohn, Misstrauen und Angst. Wir wissen nie, wann wir auf eine gefährliche Schlange treten könnten oder uns ein allzu aufmerksames Äffchen (oder sein städtisches Pendant) unser Mittagessen entwendet. Solche Gefahren lauern in den Straßen unserer Städte ebenso sicher wie im malaysischen Dschungel.

Doch der Urwald fordert auch unseren Abenteuergeist heraus. Er lädt uns ein, das Risiko einzugehen, uns als Pioniere über die Hindernisse zu kämpfen, denen wir begegnen bei dem langen und mühsamen Prozess, zu werden, wer wir wirklich sind. Es ist kein Zufall, dass so viele archetypische Geschichten davon erzählen, wie die schöne Prinzessin nur von dem Prinzen erreicht werden kann, der den Mut hat, sich durch die dichten und furchterregenden Wälder zu kämpfen, um sie zu befreien. In unserer eigenen Geschichte sind wir sowohl Prinz als auch Prinzessin. Es gilt, eine wertvolle Perle zu entdecken, doch sie ist nur zu finden, wenn wir den Kampf riskieren, das Gewirr unserer Ängste zu durchdringen.

Was kann das Gebet unter diesen Umständen bedeuten? Können wir mitten in diesem Dschungelkampf namens „Leben" wirklich nahe bei Gott und unserem tiefsten eigenen Wesen bleiben?

Der Mann, der sich selbst verloren hatte

Irgendwie war er schon immer ein Ausgestoßener gewesen. Jetzt – da waren sich alle einig – war er außer Kontrolle geraten, und so war er als Besessener im Friedhof angekettet. Hin und wieder zerriss er seine Ketten, wuchtete Grabsteine aus dem Boden und schleuderte sie durch die Luft. Er sah den Heiler kommen und erkannte ihn sofort als den, der er war. „Lass mich in Ruhe", flehte er. „Komm nicht her, um mich zu quälen." – „Sei ganz ruhig", antwortete eine sanfte Stimme. „Sag mir deinen Namen." – „Nenn mich Legion", erwiderte der Mann, „denn ich bin von zahlreichen Dämonen besessen. Ich bin nicht mehr ich selbst. Siehst du das nicht?" – „Lass mich den Schrecken von dir weglenken, und die Landschaft deines Herzens wird aufhören, ein Urwald voller Schatten und Bedrohungen zu sein", antwortete der Heiler. Er schickte die Dämonen in eine Schweineherde in der Nähe, die davonpreschte, hinunter zum See. Der Mann selbst war ganz ruhig geworden. Er setzte sich neben seinen Retter. Der Urwald hatte seinen Schrecken verloren, weil etwas viel Größeres eingezogen war, um seine tiefe Schönheit und Lauterkeit zu offenbaren.

Nach Lukas 8,26-39

Zeit zum Kämpfen ...
Zeit, mit dem Kämpfen aufzuhören

Während unsere eigene Erfahrung mit modernen „Dschungeln", ganz gleich, ob sie sich in unseren Städten oder in unseren Herzen befinden, sicher normalerweise nicht so dramatisch ist wie der Kampf, der in dieser Geschichte beschrieben wird, kann auch uns – wie den angeketteten Mann – das Gefühl ereilen, wir seien nicht mehr wir selbst. Wir fühlen uns wie angekettet und bedroht von der unkontrollierbaren Seite unseres Lebens und unserer Gesellschaft, und können es kaum in Worte fassen. So wie er kennen auch wir die Schrecken, die uns lautlos in unseren Träumen und auf unseren Straßen verfolgen. Doch können wir auch die Ruhe entdecken?

Wenn Ihnen Ihr eigenes Leben momentan wie ein Urwald vorkommt, hilft es Ihnen vielleicht, im Gebet folgenden Fragen nachzugehen:

- Wo sehe ich die Schönheit des Lebens in meiner Umgebung, besonders an Orten, die nicht schön sind? Was bringt Farbe und Lebendigkeit in die manchmal unerbittlichen Schatten der Straßen?

- Was macht mir in der Welt um mich herum am meisten Angst? Könnten Mitgefühl, Geduld, ein offenes Ohr oder ein besseres Verständnis etwas dazu beitragen, diese Ängste und ihre Ursachen zu bekämpfen?

- Inwiefern ist mein eigenes Herz ein Dschungel, in dem Unsicherheiten, Ängste und Besessenheiten unkontrolliert ihr Unwesen treiben? Habe ich das Gefühl, dass irgendetwas „außer Kontrolle" geraten ist? Gibt es etwas, das ich am liebsten anketten und verdrängen würde? Wie würde wohl der Heiler mit diesen Dingen in meinem Herzen umgehen?

- Manchmal hat man das Gefühl, wie durch Sirup zu waten, wenn man einen Schritt vorankommen will. Wie kann ich einen Weg durch die Wirren meiner Erfahrungen finden? Der Heiler schenkte dem besessenen Mann eine neue, vollständige und ungeteilte Persönlichkeit. Wir suchen uns unseren Weg durchs Dickicht unseres komplizierten Lebens, indem wir einen Schritt nach dem anderen tun. Wohin sollte mein nächster Schritt gehen? Wo soll mich der Heiler berühren?

- Wo ist mein Sinn für Abenteuer? Wage ich es, mein Leben manchmal „außer Kontrolle" geraten zu lassen, um neue Möglichkeiten auszuschöpfen?

Leben, nicht Tod, ist das letzte Wort im Schauspiel der Schöpfung. In all unseren Gebeten sollten der Geschmack der süßen Früchte, der Duft der unerwarteten Blume, das bunte Gefieder des herabschießenden Vogels, der Mut zum nächsten Schritt, die radikale Fruchtbarkeit dessen, was wir sind und was wir werden können, die Gaben sein, die wir zum Altar Gottes bringen, denn diese sind stärker als alle unsere Ängste.

Wüste

„*Doch er verwandelt die Wüsten wieder zu einem wasserreichen See und dürres Land zu Wasserquellen.*"

Psalm 107,35

Sand ist zum Sieben da. In unseren Wüstengebieten sehen wir uns mit unserer eigenen Leere konfrontiert, in der wir Besuch von unseren „Engeln", aber auch von unseren „Dämonen" bekommen können. In der Wüste lernen wir die Kunst der Unterscheidung, indem wir unsere Erfahrungen durchsieben, unsere Erinnerungen und
Wünsche, und entdecken, welche davon zum Leben führen und welche zum Tod.
Die Hitze des Wüstentages lässt uns keine Möglichkeit, uns vor uns selbst zu verstecken, und die Kälte der Nacht erinnert uns daran, dass wir ohne den beständigen
Fluss von Gottes Gnade und Kraft nicht existieren können. Die Wüste führt uns an
unsere Grenzen, offenbart unsere Begrenzungen, deckt unsere Schwächen auf und
entlarvt unsere Illusionen als das, was sie wirklich sind. Die Wüste ist ein Ort der

Extreme, die uns vernichten oder unerwartete Freude bringen können; ein Ort, der das Schlimmste in uns offenlegen und das Beste hervorbringen kann.

Ich bin in der Wüste Sinai. Der Aufstieg, der mitten in der Nacht begann, hat uns an die Hänge des Berges Sinai geführt. Vor zwei oder drei Stunden ist die Sonne aufgegangen, und nun wird die Temperatur zum Feind. Wir teilen uns das Wasser, das wir noch haben, und arbeiten uns langsam und durstig zu dem Kloster hinunter, das in der Ebene in eine künstliche Oase geschmiegt daliegt. Beim Abstieg treffen wir auf einen wandernden Beduinen, der uns zu einer Tasse des aromatischen Tees einlädt, den er aus den Kräutern zubereitet, die in der Nähe wachsen – Kräuter, die sich in Sand und Gestrüpp zu ihrer kurzen Existenz durchkämpfen. Wir nehmen die Einladung mit fröhlicher Dankbarkeit an und setzen uns mit ihm in einem kleinen Kreis um sein Lagerfeuer. Wären wir auf einen brennenden Busch gestoßen, hätte unsere Freude kaum größer sein können, so willkommen sind uns der Tee und die unverlangte Freundlichkeit.

Sehr ermutigt und belebt, kommen wir im Hof des Klosters an, in dem sich eine Wasserpumpe befindet. Einer aus unserer Gruppe, ein Junge – fast noch ein Kind – geht hin und will dort seine Wasserflasche füllen, doch er wird abgefangen und man sagt ihm, er dürfe das Wasser nicht nehmen. Es gehöre dem Kloster.

Wären wir vor Gericht und ich die Staatsanwältin, würde ich mein Plädoyer jetzt beenden und hätte kaum Zweifel daran, dass die Geschworenen zuverlässig

zu dem richtigen Urteil darüber kommen würden, welche Aspekte dieses Tages von „Engeln" und welche von „Dämonen" kamen, was etwas zur Fülle des Lebens beigetragen und was sie geschmälert hat.

Der Prozess der Unterscheidung verläuft ähnlich. Wir blicken zurück auf die Ereignisse eines Tages oder einer Woche und denken darüber nach, was geschehen ist – besonders, was in unseren Herzen vor sich gegangen ist. Wo haben „Engel" einen Fußabdruck in unserem Tag hinterlassen, vielleicht durch etwas, das jemand gesagt oder getan hat, oder durch etwas, das wir selbst gesagt oder getan haben – etwas, das Leben gespendet hat? Und wo entdecken wir die Hufspuren von „Dämonen": die sarkastische Antwort, die wir uns nicht verkneifen konnten; das egoistische Vorenthalten von etwas, das einem anderen Menschen hätte helfen können; das nicht-ganz-wahre Gerücht, das wir einfach weitererzählen mussten?

Es gibt eine Geschichte über ein kleines Mädchen, das ihre Großmutter besuchen ging und ihr etwas über jemand anderen aus ihrer Schulklasse erzählen wollte. Die Großmutter unterbrach sie gleich am Anfang ihres Berichts. „Bevor du mir diese Geschichte erzählst", sagte sie, „stelle dir zunächst die Frage, ob sie durch die drei Siebe gehen kann. Das erste Sieb ist die Frage: Ist es wahr?, das zweite: Ist es freundlich?, und das dritte: Ist es notwendig?" Gute Grundregeln, erlernt durch lebenslanges Sieben.

Wenn wir in der Wüste sind, fällt es uns vielleicht schwer, unsere Gebete in Worte zu fassen. Wir erleben Trockenheit und Leere, und wir fragen uns, was aus den Trosterfahrungen geworden ist, an die wir uns von anderen Etappen unserer Reise erinnern. Vielleicht zweifeln wir sogar an uns selbst und der ganzen geistlichen Unternehmung und wünschten, wir hätten die Reise nie angetreten. Doch wir sind nicht die einzigen, die sich in solchen Wüsten befinden. Die meisten, die vor uns die Wege des Gebetes beschritten haben, haben zwangsläufig diese Wüste erlebt, in der es unmöglich wird, Gott unsere menschlichen Erwartungen aufzudrücken. In der Wüste haben wir keine andere Wahl, als Gott Gott sein zu lassen.

Und ein Gebot wird uns niemals loslassen ...

Wählt das Leben!

Die Bibel berichtet von einer „Unterhaltung" zwischen Gott und seinem Volk, die vor langer Zeit stattfand und doch für uns heute noch absolut gültig ist. Diese Unterhaltung verlief etwa so:

Das, was ihr entdecken dürft und wonach ihr leben sollt, ist nichts Exotisches oder weit Entlegenes, und es ist auch nicht schwer zu verstehen. Es liegt in eurer Fähigkeit und Reichweite. Es ist nicht weit oben im Himmel, sodass ihr in den Weltraum gehen müsstet, um es zu bekommen. Es liegt nicht hinter dem Horizont, sodass ihr es nie erreichen könntet, egal wie weit ihr auf der Suche danach auch reist. Ganz und

gar nicht! Vielmehr ist es euch näher, als ihr euch selbst seid. Diese tiefe Wahrheit, nach der ihr wirklich leben könnt, ist in euch – in eurem eigenen Herzen. Ihr müsst nichts weiter tun, als in Verbindung damit zu bleiben und danach zu leben. Ganz einfach ausgedrückt geht es um Folgendes: Wenn ihr nach der Wahrheit in eurem Herzen lebt – eine Wahrheit, die ich, euer Gott, dort eingepflanzt habe; nennt es „Gewissen" oder „inneren Kompass" oder wie ihr wollt –, dann werdet ihr im Einklang mit der ganzen Schöpfung und im Frieden mit mir und euch selbst leben. Wenn ihr euch entscheidet, diese innere Wahrheit zu ignorieren oder ihr zuwider zu handeln, werdet ihr damit einen Weg wählen, der nicht zum Leben in seiner Fülle führt, sondern zum Tod, und ihr werdet euch und dem Rest der Schöpfung Schaden zufügen. Deshalb lege ich euch heute und jeden Tag zwei Möglichkeiten vor: Segen oder Fluch, Heilung oder Verletzung, Leben oder Tod. Wählt in allem, was ihr tut, das Leben!

Nach 5. Mose 30,11-20

Zeit zum Sieben

Der Ruf der Wüste ist einfach und klar: Wählt das Leben! Es geht darum, alle unbedeutenderen Überlegungen, alle Illusionen loszulassen und sich in jeder Situation dafür zu entscheiden, das zu tun, was das Liebevollere ist, das, was mehr Leben spendet, das, was wahrhaft menschlich ist. Im Herzen wissen wir, worin das alles besteht. Das Gebet um Einsicht kann uns aber vielleicht beim Sieben helfen ...

- Ich will mir Zeit nehmen, meine Erfahrungen dieses Tages und der letzten Zeit zu durchsieben. Welche Aspekte meines Lebens sind für mich selbst und andere lebensspendend? Gibt es andere Aspekte, die die Fülle des Lebens für mich und andere, für die ganze Schöpfung, schmälern?

- Manche Beziehungen helfen uns zu wachsen, andere machen uns kleiner und schwächer. Wie sieht es in dieser Hinsicht bei meinen eigenen Beziehungen aus? Wie sehen andere ihre Beziehung, die sie zu mir haben? Wenn ich hier Schatten finde, will ich nach Möglichkeit mit den betreffenden Menschen reden und vielleicht die Beziehung auf eine lebensbejahendere Basis stellen, oder – wenn nötig – mich von dieser Beziehung distanzieren.

- Normalerweise wächst in der Einöde der Wüste absolut nichts, und Reisende riskieren ihr Leben, wenn sie sich zu weit vorwagen. Das Ödland mag verlockend wirken. Vielleicht verführt es uns dazu, die interessanten Hänge und Rinnen zu erkunden. Vielleicht versucht es uns dazu, etwas zu tun, von dem wir wissen, dass es falsch ist. Gibt es in meiner Herzenslandschaft „Einöden"? Was muss ich vor Gott bringen?

- In der Wüste sind wir besonders anfällig für Trugbilder. Zum Beispiel meinen wir, eine Oase zu sehen, und gehen darauf zu – doch wenn wir die Stelle erreichen, stellen wir fest, dass es nur eine optische Täuschung war. Wenn wir einen Blick auf die Dinge werfen, die wir im Leben anstreben, ist irgendetwas davon dann eine Illusion? Wir brauchen keine Angst davor haben, wenn Illusionen sich zerschlagen. Wenn sie fort sind, können wir die Wahrheit über uns deutlicher sehen.

- Hin und wieder erblüht die Wüste in den wunderschönsten Farben. Welche seltenen Gaben entdecke ich in Zeiten, in denen mein Herz sich trocken und ausgedörrt anfühlt? Ich will solche zarten Blumen der Freude sammeln und liebevoll an ihnen festhalten.

In der Wüste darf man nie ohne Wasser unterwegs sein. In den Wüsten unseres Herzens ist dieses Wasser der Regen der Gnade. Die Wüste blüht auf, wenn der Regen kommt. Unser Herz blüht auf, wenn es vom Regen der Gnade durchtränkt wird. Doch zwischen den Güssen unerwarteter und unverdienter Gnade erhalten wir unser tägliches Wasser aus der Zeit und dem Raum, die wir uns nehmen, um bewusst in Gottes Gegenwart zu sein. Ganz gleich, welche Form dieses Gebet für Sie annimmt – formal oder ungezwungen, in Worten oder in Stille, an einem besonderen Ort oder dort, wo Sie gerade zufällig sind –, behalten Sie diese Verbindung sorgfältig bei. Es ist Ihre Wasserversorgung in einer wasserlosen Welt. Machen Sie sich auch nicht *einen* Tag ohne dieses Wasser auf den Weg.

Höhle

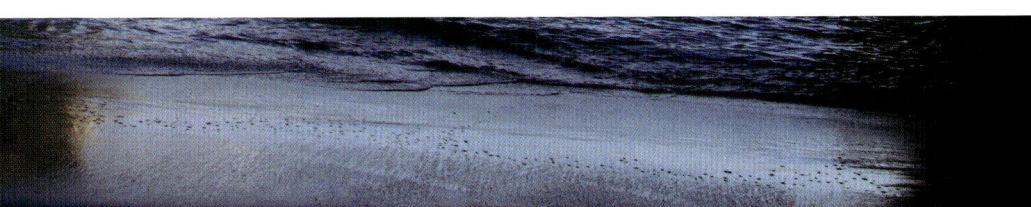

„Meine Rettung und meine Ehre kommen allein von Gott.
Er ist meine Zuflucht, ein sicherer Fels, auf dem kein Feind
mich erreicht."

Psalm 62,8

Höhlen gehörten schon immer zu meiner inneren Landschaft. Ich wuchs in der Nähe der Höhlen des Peak District in den englischen Pennines auf und habe sie als Kind oft besucht. Fasziniert bestaunte ich die bunten Mineralienspuren und die Tropfsteine. Doch in Südafrika begegnete ich zwei verschiedenen Arten von Höhlen, die mich fasziniert haben.

Die erste befand sich in einem Teil der südlichen Drakensberge, etwas südlich des kleinen Gebirgskönigreichs Lesotho. Wir kamen aus Lesotho und besuchten eine Freundin auf ihrer Farm. Diese Tage sollten mir die Augen für viele Dinge öffnen, unter anderem für den Preis, den unsere Freundin für ihren Widerstand gegen die Apartheid gezahlt hatte. Doch die Höhle war ein völlig unerwartetes Highlight. Wir erreichten sie nach einer haarsträubenden Fahrt durch Buschland und einem tie-

fen Abstieg zu Fuß in ein verstecktes Tal. Unser Reiseführer, der von sich behauptete, „nicht religiös" zu sein, blieb einen Moment am Eingang der Höhle stehen, so als würde er gleich eine Kathedrale betreten, und wir spürten das Sakrale dieses uralten Ortes. Der Führer geleitete uns zu den innersten Winkeln, und dort sahen wir Hunderte symbolischer Figuren: Tiere, Jäger, Gestalten, die halb Mensch, halb Tier waren, Figuren, die im Prozess einer Verwandlung begriffen waren. Die Bilder stammten vom Volk der San, die sie in einer Zeit, die unendlich weit von unserer entfernt ist, an die Höhlenwände gemalt hatten. Sie brachten damit ihre Suche und Sehnsucht nach Gott zum Ausdruck.

Die zweite war keine richtige Höhle, eher ein Kalksteinbruch, und zwar auf Robben Island, dem ehemaligen Gefangenenlager vor der Küste von Kapstadt, wo Nelson Mandela achtzehn harte Jahre unter entsetzlichen Bedingungen inhaftiert war. Doch diese Zeit sollte ihn verändern: vom gewalttätigen Protestler zum Baumeister einer friedlichen Versöhnung. Hier in diesem Steinbruch wurden Menschen erbarmungslos zum Behauen von Steinen angetrieben – Steine, die weder gebraucht noch verwendet wurden. Die Arbeit war lediglich eine Strafe. Doch hier begannen die Gefangenen auch ihre große Unternehmung der autodidaktischen Weiterbildung. Häftlinge mit akademischer Ausbildung und Begabung lehrten die anderen, sogar einige ihrer Wärter, und machten aus diesem Steinbruch die erste schwarze Universität in Südafrika. Und von hier erging die Warnung von den weiseren Köpfen unter ihnen, dass Rache der Sache der Freiheit nicht nützen würde.

So wie viele andere unserer „Landschaften" haben auch Höhlen viele Gesichter. Sie können Orte sein, die uns Schutz bieten, aber auch Orte, die uns herausfordern und auffordern, über unsere gegenwärtigen Grenzen hinauszugehen. Sie können Orte sein, an denen wir uns vor dem verstecken, was auf uns einstürmt, aber auch Orte, an die wir uns zurückziehen können, um Kraft und neue Entschlossenheit zu sammeln. Sie können Orte sein, an denen der Lärm der Stürme um uns herum uns taub macht, aber auch Orte, die uns in jene Stille des Herzens führen, in der wir wahrhaftig die „leise, sanfte Stimme der Ruhe" hören können. Sie können Orte sein, an denen wir das Gefühl haben zu verhungern, aber auch Orte, an denen wir unerwartet Nahrung finden. Sie sind Orte, an denen wir um alle trauern können, die wir geliebt und verloren haben, und Orte, an denen Heilung beginnen kann. Die Höhle lädt uns in unser eigenes, tiefstes Wesen ein. Es ist eine riskante und mühselige Reise, und eine, deren Einsamkeit und karge, dunkle Stellen uns schrecken. Doch die Perle im Herzen der Höhle ist die Entdeckung, dass wir genau hier dem lebendigen Gott begegnen können, wenn wir uns ernsthaft auf die Reise einlassen.

Eine bekannte Begebenheit zeigt uns, wie diese Begegnung sich abspielen könnte ...

Die leise, sanfte Stimme

Er hatte jeden Grund davonzulaufen. Der Flüchtling war mit seinen Feinden – und damit auch Gottes Feinden – in Konflikt geraten, und der Vergeltungsschlag war unausweichlich. Er floh in die Wüste und wünschte sich, Gott möge seinem Leben ein Ende setzen. Schließlich fiel er in einen erschöpften Schlaf. Doch während er tief schlief, berührte ihn eine lebensspendende Kraft, und als er erwachte, fand er Essen und einen Krug Wasser in Reichweite – gerade so viel, dass er weitermachen konnte, nicht mehr. Und so gehorchte er der Stimme Gottes und ging weiter, bis er eine Höhle erreichte, in der er die Nacht sicher verbringen konnte. Und dort, in der Höh-

le, geschah die alles verändernde Begegnung. „Was machst du hier?", fragte Gottes Stimme. „Komm heraus und stell dich auf dem Berg in meine Gegenwart." Der verängstigte Flüchtling tat, wie ihm geheißen. Er sehnte sich nach der Begegnung mit Gott, und doch fürchtete er sie. Es kam ein mächtiger Wind auf, doch Gott war nicht in seiner Kraft und Lautstärke. Dann erschütterte ein mächtiges Erdbeben den Boden, doch Gott war nicht in der schwankenden Erde. Und dann kam ein loderndes Feuer, doch Gott war nicht in seiner sengenden Hitze und überwältigenden Energie. Erschöpft von den Emotionen und dem Schrecken der Nacht bedeckte der Flüchtling sein Gesicht und kniete sich an den Eingang der Höhle. Und hier, als der Aufruhr sich schließlich gelegt hatte, hörte er eine leise, sanfte Stimme – nur ein Flüstern im Hauch der Nachtluft: „Was machst du hier? Vertraue mir und tue, was ich dir zeigen werde."

Nach 1. Könige 19,1-18

Zeit zum Trauern

Hat die eine oder andere „Höhle" Sie in Ihrer augenblicklichen inneren Verfassung besonders angesprochen? Vielleicht würden Sie sich am liebsten verstecken und hoffen, dass der Sturm an Ihnen vorübergeht? Vielleicht sehnen Sie sich danach, sich auf der Suche nach einer Begegnung mit Gott tiefer in die verborgenen Winkel Ihrer Seele zurückzuziehen? Vielleicht sitzen Sie in der Höhle Ihres Herzens und weinen um verlorene Liebe, hoffnungslose Situationen, zerbrochene Träume?

- Höre ich die stille, beharrliche Frage: „Was machst du hier?" Wie möchte ich darauf antworten?

- Was erhält mich in meiner Höhle am Leben? Hat jemand mir Essen und einen Krug Wasser gebracht? Kenne ich jemanden, vielleicht einen Nachbarn, einen Freund oder sogar einen Feind, der dringend von mir versorgt werden müsste? Wie habe ich Gottes Versorgung erlebt?

- Der Steinbruch von Robben Island war ein Ort extremer Not, der zu einem Ort des Wachstums und der Veränderung wurde. Kann die Höhle meines Herzens ein Ort sein, der mich selbst zum Wachsen anregt? Wie möchte Gott mich vielleicht herausfordern?

- Die „leise, sanfte Stimme" ist nur in der Stille zu hören. Wie viel Ruhe und Stille gibt es in meinem Leben? Wie schaffe ich Raum für mehr Ruhe und Stille, wenn ich das Bedürfnis danach habe?

Eine Höhle ist eine Begräbnisstätte. Bringen Sie alles hierher, worum Sie trauern. Balsamieren Sie diese Verluste mit Ihren Tränen ein … und lassen Sie sie hier. Bleiben Sie, solange es nötig ist, und lassen Sie sich dann vom Leben weiterziehen – über das Ende hinaus zu neuen Anfängen.

Nachthimme

„Blickt zum Himmel hinauf und schaut. Wer hat erschaffen, was ihr da seht? Er bestimmt die Zahl der Sterne, die aufgehen und nennt jeden bei seinem Namen. Durch seine große Kraft und die Fülle seiner Macht fehlt keiner von ihnen."

Jesaja 40,26

Meine erste Begegnung mit Gott hatte ich unter einem Nachthimmel. Es war ein Augenblick, den ich niemals vergessen werde, auch wenn ich damals erst sieben Jahre alt war. Ich war zu Fuß auf dem Heimweg von einem Pfadfindertreffen in unserer Kirche in meiner Heimat Yorkshire. Ich kam an eine Kreuzung, wo eine Seitenstraße auf die Hauptstraße des Städtchens stieß. Es war ein dunkler Winterabend. Zu meiner Rechten war eine Telefonzelle, zu meiner Linken ein Süßwarengeschäft, das ich bei Tag sehr gut kannte, das nun aber schon geschlossen hatte. Es war ein ganz gewöhnlicher Abend, doch für mich wurde er unvergesslich. Zufällig schaute ich nach oben, wo sich der Nachthimmel über mir ausbreitete. Die Sterne funkelten so hell und schienen so nahe, dass ich meinte, ich könnte die Hand ausstrecken und sie pflücken wie silberne Äpfel in einem himmlischen Obstgarten. So jung, wie ich war, hätte ich meine Gefühle nicht in Worte fassen können. Und doch haben mich die Gefühle jenes Augenblicks – mehr als Gefühle, eher ein Wissen – nie verlassen, sondern sind mit jedem Jahr nur noch klarer geworden. „Du bist ganz allein in die-

sem weiten Universum", sagte mir das, was sich in meiner Seele regte, „und trotzdem gehörst du voll und ganz hierher." Diese Begegnung mit dem Übernatürlichen empfand ich alles andere als beängstigend. Vielmehr spürte ich tiefen Frieden und Freude erfüllte mich. Dieses Gefühl kann ich mir auch heute noch, fast sechzig Jahre später, jederzeit vergegenwärtigen, indem ich mich einfach an diesen Moment erinnere.

Kaum eine Menschenseele bleibt unberührt beim Anblick des Nachthimmels. Astronomen schätzen, dass es in unserer eigenen Galaxie etwa 100 Milliarden Sterne gibt, und das Hubble-Teleskop hat Beweise für mindestens 125 Milliarden Galaxien in dem uns bekannten Universum geliefert. Diese Zahlen verwirren unsere Sinne und überlasten die „Schaltkreise" unseres Denkens. Wenn wir in diesem riesigen Zusammenhang über unseren Glauben an Gott nachdenken, können wir Gott unmöglich auf unsere winzigen menschlichen Schubladen des Verstehens beschränken. Doch Gott lädt uns ein, uns von diesem großen Wunder nicht überfordern zu lassen. Vielmehr soll es unseren Blick weit weg von uns selbst und unseren vergänglichen Vergnügungen und Ärgernissen ziehen, hin zu einer Realität, die unendlich größer ist als alles, was wir uns vorstellen können. Gleichzeitig ist sie – wie unsere Erfahrung uns zeigt – mit jedem Augenblick unseres eigenen Lebens aufs Engste verwoben. Unter dem Nachthimmel treffen sich das Unendliche und das Vertraute, Nahe, und umarmen sich in unserem Herzen.

Nehmen wir uns Zeit, stehen zu bleiben und den Nachthimmel zu betrachten. Lassen wir uns seine Wahrheit in die Seele hineinsprechen.

Lassen wir uns sagen, dass wir selbst aus Sternenstaub gemacht sind, dass die Elemente, die unser physisches Wesen ausmachen, bereits existierten, als die Sterne der ersten Generation in der Helligkeit von Supernovae explodierten und ihren Staub übers Universum verteilten. Jedes Elementarteilchen der Schöpfung, jedes Elementarteilchen von uns selbst trägt in sich den Abdruck der Erinnerung an diese ersten Anfänge. Wir wurden schon vor Urzeiten ins Dasein geträumt, lange bevor der Planet Erde Gestalt annahm.

Lassen wir uns vom Mond über uns zeigen, dass seine silberne Pracht nur das reflektierte Licht einer Sonne ist, die wir nicht sehen können. Lassen wir uns von ihm daran erinnern, dass auch wir kein eigenes Licht ausstrahlen, sondern dazu berufen sind, so wahrhaftig und klar, wie wir können, das Licht dessen zu reflektieren, in dem wir leben. Lassen wir uns vom Mondlicht vor der Illusion schützen, dass wir Sonnen sind, damit wir nicht von unserer Bestimmung als Planeten abweichen, die sich in einer ausbalancierten Umlaufbahn um den Gott bewegen, der unser Mittelpunkt ist.

Lassen wir uns von den Sternschnuppen erfreuen; lassen wir uns von ihnen versichern, dass es auch auf unserer Lebensreise hell aufflammende Lichter geben wird, die plötzlich aus der Dunkelheit auftauchen, uns eine Weile den Weg leuchten und ein wenig näher an das uns bestimmte Ziel bringen. Nehmen wir uns Zeit, uns daran zu erinnern, wie diese Sternschnuppen unser Leben in der Vergangenheit erhellt haben, und vertrauen wir darauf, dass sie es auch wieder tun werden.

Denken wir beim Blick auf die Sternbilder und über sie hinaus in die tiefe Dunkelheit darüber nach, dass wir an einem Tag – je nach Höhenlage unseres Aufenthaltsortes – zwischen dreißig und hundert Kilometer weit sehen können; doch in einer dunklen Nacht können wir Sterne sehen, die tausende Lichtjahre von uns entfernt sind. Vielleicht sehen wir in der Dunkelheit mehr als im Licht.

Und doch sind selbst die Sterne nicht ewig. Auch ihre physische Existenz wird ein Ende haben und sie werden wieder zu der reinen Energie, aus der sie einst zu einer stabilen Form zusammengefügt wurden. Nicht ewig, aber vielleicht die stärksten und schönsten Hinweise auf die Ewigkeit, die wir uns wünschen können. Und gesellen wir uns zu einem anderen „Weitseher", der über die Dimension der Ewigkeit und das Wunder seines Daseins nachdenkt, das seinen Ursprung in jener Ewigkeit hat ...

Wenn die Nacht hell wie der Tag ist

O Gott, du kennst jede Zelle meines Daseins, jede meiner Bewegungen, jeden Gedanken, den mein Verstand formt, jeden Aspekt meiner Persönlichkeit. Bevor ich
auch nur ein Wort sage, weißt du es bereits und deine Hand liegt über jedem Atemzug, den ich tue. Ein solches Wissen erstaunt mich und reicht in Tiefen, über die
ich nicht einmal nachzudenken wage; es steigt in Höhen auf, die ich niemals zu erreichen hoffe. Wohin sollte ich gehen, um vor deinem Blick zu fliehen? Gibt es einen Ort, den deine Gegenwart nicht durchdringt? Wenn ich zum Himmel fliege,
bist du da. Wenn ich in den Tiefen der Verzweiflung versinke, bist du da. Wenn ich
auf den Flügeln der Morgendämmerung davoneile und einen Ruheort jenseits des
Horizonts finde, wird auch dort deine Hand mich führen und dein Arm mich festhalten. Ich flehe die Dunkelheit an, sich um mich zu legen, und die Nacht, mich zu
umhüllen, doch selbst die Dunkelheit ist für dich nicht dunkel und bei dir ist die
Nacht hell wie der Tag. Du hast mein innerstes Wesen erschaffen und mich im Leib
meiner Mutter gestaltet, und dabei kanntest du bereits jedes Geheimnis meines Lebens. Herr, es ist unmöglich, deine Gedanken zu ergründen. Sie sind so zahlreich
wie die Sandkörner am Strand, und selbst wenn ich sie je zählen könnte, wäre ich
immer noch in deinem Herzen.

Nach Psalm 139

Zeit zum Hinsehen

Wenn Sie – äußerlich oder innerlich – unter dem Nachthimmel stehen, kann es sein, dass Ihnen beim Gebet Fragen und Gedanken wie die folgenden kommen:

- Gott ist unendlich viel weiter entfernt, als wir jemals sehen könnten, und doch näher als unser nächster Atemzug. Wo finde ich die Unendlichkeit und Nähe Gottes in meinem eigenen Erleben?

- Gott hat uns seit Beginn des Universums ins Leben geträumt. Die Geschichte des Lebens von seinen ersten Anfängen liegt in jedem Teilchen unseres Daseins eingegraben. Was hilft mir, meine Zugehörigkeit zur Schöpfung und zum Schöpfer bewusst zu leben?

- In Zeiten der inneren Dunkelheit öffnet sich unser Herz manchmal eher den tieferen Wahrheiten als in den hellen Zeiten unseres Lebens. Habe ich das auch schon einmal erlebt?

- Habe ich schon einmal versucht, vor Gott zu fliehen, und wenn ja, wie? Ist es mir gelungen?

- Habe ich Zeit und Raum in meinem Leben, einfach dazustehen und hinzuschauen?

Wenn alle Gebete gebetet sind, stellen Sie sich unter die Sterne und erlauben Sie Ihrer Seele, über alle Worte hinaus zum Schweigen zu finden und in der Stille dem lebendigen Gott zu begegnen.

„Er allein hat den Himmel gespannt, er schreitet über die Wellen des Meeres hinweg. Er hat die Sterne geschaffen - den Bären, den Orion, die Plejaden und das Kreuz des Südens. Seine Werke sind zu wunderbar, als dass ein Mensch sie begreifen könnte. Er vollbringt unzählige Wunder."

Hiob 9,8-10

Wenn ich den Himmel betrachte und das Werk deiner Hände sehe - den Mond und die Sterne, die du an ihren Platz gestellt hast -, wie klein und unbedeutend ist da der Mensch und doch denkst du an ihn und sorgst für ihn! Denn du hast ihn nur wenig geringer als Gott gemacht und ihn mit Ehre und Herrlichkeit gekrönt.

Psalm 8,4-6

Quellennachweis

SCM

Stiftung Christliche Medien

Die Edition

A u f A t m e n

erscheint in Zusammenarbeit zwischen
SCM R.Brockhaus im SCM-Verlag, Witten
und dem Bundes-Verlag, Witten.
Herausgeber: Ulrich Eggers

Text copyright © 2011 Margaret Silf.
Original edition published in English under the title
LANDSCAPES OF PRAYER
by Lion Hudson plc, Oxford, England.
This edition copyright © 2011 Lion Hudson

© 2014 SCM R.Brockhaus im SCM-Verlag GmbH & Co. KG ·
Bodenborn 43 · 58452 Witten
Internet: www.scm-brockhaus.de; E-Mail: info@scm-brockhaus.de

Die frei nacherzählten Bibeltexte sind frei übersetzt. Alle anderen Bibelstellen nach Neues Leben. Die Bibel, © 2002 und 2006 SCM R.Brockhaus im SCM-Verlag GmbH & Co. KG, Witten

Umschlaggestaltung: Katrin Schäder, Velbert
Umschlagbild: Dorothé Straßburger, Krefeld
Satz: Maike Heimbach, Ennepetal
ISBN 978-3-417-26570-5
Bestell-Nr. 226.570